# NOTICE

SUR

# THÉOPHILE LEROY,

DÉCÉDÉ LE 2 AVRIL, AGÉ DE DIX—NEUF ANS.

STRASBOURG,

TYPOGRAPHIE DE LOUIS—FRANÇOIS LE ROUX.

1861.

# NOTICE

SUR

# THÉOPHILE LEROY,

décédé le 2 avril 1861, âgé de dix-neuf ans.

———◇◇———

C'est pour vous que nous avons recueilli ces souvenirs, amis et condisciples de Théophile. Sa vie, vous le savez, n'est pas éclatante aux yeux du monde, vous n'y trouverez pas de ces épisodes de nature à flatter une oisive curiosité ; mais vous y verrez, je l'espère, le reflet d'une belle âme. Au moment où tant de tristesses affligent le chrétien, ses regards se portent avec bonheur sur les âmes pures et fidèles. Telle fut l'âme de Théophile.

DOMINIQUE-THÉOPHILE LEROY naquit à Dannemarie, dans l'arrondissement de Belfort. Dès l'âge le plus tendre, il annonça les plus heureuses dispositions ; son plus grand bonheur était de servir le prêtre à l'autel ; bien jeune encore, il savait apprécier cet honneur, et la répétition fréquente de ces pieuses fonctions n'engendra point chez lui la familiarité, trop ordinaire aux enfants de son âge. Bien au contraire, sa foi grandit et se fortifia de jour en jour à ce contact divin, et l'on vit bientôt se manifester en lui les signes d'une vocation sacerdotale. S'employer au service de l'église et à l'ornementation des autels, contribuer de son mieux à la solennité des saints offices, en y prêtant le secours de sa voix enfantine, telles étaient ses occupations les plus douces. Comme une jeune et tendre plante, Théophile grandissait à l'ombre du sanctuaire et justifiait dès l'enfance le beau nom qu'il avait reçu au jour de son baptême : il aimait le bon Dieu, et le bon Dieu le payait de retour.

Les premières études de Théophile furent imprégnées d'un parfum de foi et de piété; commencées sous les yeux d'un ecclésiastique, vicaire de la paroisse, elles durent se ressentir de cette direction. Les premières impressions sont décisives, et l'avenir d'un enfant peut en dépendre; aussi les parents de Théophile s'estimaient-ils heureux de le garder auprès d'eux et d'être témoins de ses progrès dans la science de la religion et dans les études littéraires.

Plusieurs années se passent ainsi, dans le calme de l'étude, des exercices de la piété chrétienne et des consolations de la famille. A côté de Théophile grandissait son frère Bernard; Théophile, bien qu'il fût plus âgé que Bernard, savait condescendre aux désirs de son frère. Au nombre de leurs amusements, se trouvait parfois le jeu du maître et de l'élève; le maître, c'était le plus souvent Bernard, et Théophile faisait l'élève. Vous reconnaissez à ce trait sa douceur, sa patience, son empressement à faire plaisir aux autres. Il était endurant, savait se plier aux idées de ses camarades et ne craignait pas de les égayer à ses propres dépens. Et plus tard, pendant la maladie de Bernard, voulant se faire tout à tous, il se prêtait à des désirs plus sérieux dans leur objet, et s'entretenait avec son frère de travail et d'études.

Ici commence une nouvelle phase de la courte existence de Théophile. Il est envoyé à Strasbourg en 1855, pour y continuer ses études dans l'institution de Saint-Arbogast, dirigée à cette époque par l'excellent abbé Pernot. Il y retrouve un frère, attaché à l'établissement en qualité de professeur, et sur le point d'être promu à l'honneur du sacerdoce; et ce sera pour ce pieux enfant, éloigné pour la première fois de parents chéris, un dédommagement et un précieux appui. A cet âge (Théophile avait treize ans à peine), l'affection d'un frère, ministre des autels, l'affection de maîtres, amis de l'enfance, est une puissante protection; c'est la Providence, sous les traits de ceux qui doivent remplacer le père et la mère, par le nerf de la direction et par la sollicitude la plus tendre.

Laissons parler ici M. l'abbé Pernot : « Parmi les bons « élèves, avec qui j'ai passé trois ans au collége Saint-« Arbogast et dont j'ai conservé un si bon souvenir, « Théophile est un de ceux qui m'a le plus frappé par la « piété profonde qui animait toutes ses actions. Il est « arrivé dans ma classe dans des conditions défavorables « pour le succès de ses études : il ne savait qu'imparfai-« tement le français, et se trouvait au milieu de jeunes « gens qui l'écrivaient et le parlaient facilement; mais il « mit dans son travail une attention, une ténacité qui « me firent bientôt voir qu'il ne tarderait pas à se placer

« parmi les premiers de sa classe. Trois mobiles le sou-
« tenaient dans cette lutte rebutante du fort contre le
« faible : la religion, le désir de faire plaisir à ses pa-
« rents et à son frère, professeur dans la même maison,
« et cette noble émulation innée dans tous les cœurs
« généreux, qui est la condition des bonnes études.

« Sa première communion, qu'il fit dans d'admirables
« sentiments de piété, jointe à une grande connaissance
« de la religion, épura encore les mobiles qui le faisaient
« agir. Il se distingua dès lors par une attention sou-
« tenue aux leçons qu'il recevait, et par une scrupuleuse
« observation du règlement, même dans les occasions
« où il aurait pu le violer sans être vu de ses maîtres.
« C'est le témoignage que lui rendirent ses condisciples.
« D'un naturel gai, ouvert, il savait réprimer la vivacité
« de son âge dans toutes les occasions qui demandaient
« l'attention et le silence.

« Il fit des progrès rapides dans ses études, fut le pre-
« mier de sa classe pour les mathématiques et l'histoire,
« sciences qui exigent le plus d'attention et de maturité.

« Il avait déjà en lui les symptômes de la maladie qui
« devait l'emporter si jeune; sa santé était chancelante;
« on le voyait assez souvent pâle, faible, travaillé par un
« mal intérieur, et cependant, jamais de plaintes, jamais
« il ne tira de ses souffrances un légitime prétexte de ne
« pas accomplir ses devoirs. En un mot, il se fit remar-
« quer parmi ses excellents condisciples, par son appli-
« cation, sa docilité, sa douceur, et surtout par sa piété
« et sa tendre dévotion à la sainte Vierge.

« Aimé et estimé de tous ses condisciples, il sera re-

« gretté de tous, et peut désormais être proposé pour
« modèle à ceux qui le suivront. »

Faire une bonne première communion, telle avait été,
en effet, la pensée dominante de Théophile ; aussi, ce
grand acte de la vie le trouva-t-il admirablement disposé, et la retraite préparatoire ne fit que développer
ces germes précieux. Dans ces heures de recueillement
et de prière, sa foi et sa piété prirent un nouvel essor,
et lorsque arriva le jour tant désiré, on le vit s'avancer
vers la table sainte, pénétré d'une foi et d'un amour que
trahissait l'expression de sa physionomie. Le souvenir
du 20 mai 1856 ne périra pas dans votre mémoire,
amis et condisciples de Théophile, qui eûtes le bonheur
de goûter avec lui en ce jour combien le Seigneur est
doux. Marqué, ainsi que vous, du sceau ineffaçable du
parfait chrétien, il reçut, avec un saint empressement des
mains de notre vénéré Pontife, l'armure spirituelle du
soldat de Jésus-Christ ; avec lui, vous vous êtes rangés
sous l'étendard de la croix. Vous l'avez vu encore, au soir
de ce beau jour, étendre la main sur les saints Évangiles
et renouveler à vos côtés les engagements sacrés du baptême ; et vous savez s'il les a fidèlement gardés ! Avec
lui, réunis au pied de l'autel de Marie, vous avez chanté
le cantique : *Marie est notre mère, nous sommes ses
enfants,* et vous savez s'il a mérité ce titre !

Ce beau jour fut suivi pour Théophile de bien douces
émotions : son frère Eugène devait célébrer pour la
première fois l'auguste Sacrifice et présenter lui-même
à ce pieux enfant le pain des anges ; mais Théophile s'es-
timait indigne d'une pareille faveur ; il fallut à ce cœur

si humble et si pur, les instances de sa famille, pour le décider à s'ouvrir sans alarmes à l'hôte divin qui daignait de nouveau le visiter. A cette timide discrétion devait succéder une familiarité plus douce, et, de ce moment, la divine Eucharistie fut la source où Théophile puisa la piété forte qui le caractérise.

Noùs l'avons tous vu à l'œuvre comme élève du catéchisme de persévérance. Combien de fois ne nous a-t-il pas édifiés par son attention et par son zèle! Quelle ardeur ne mit-il pas à rédiger les instructions qu'il entendit, s'efforçant ensuite de les bien retenir et surtout de les faire pénétrer dans son cœur! L'amour de notre sainte religion, bien plus que l'attrait des récompenses, le portait encore à confier à sa mémoire les évangiles des dimanches et à transcrire les homélies des saints Pères. Il savait se ménager du temps pour ces travaux de son choix, et Dieu bénissait sa bonne volonté; un succès bien mérité vint couronner ses efforts, et après deux années d'un travail assidu, il remporta le premier prix, vivement disputé par de sérieux concurrents. Parmi les sujets à traiter, se trouvaient les effets de l'Eucharistie. Théophile était dans son élément; sa piété vint au secours de sa science religieuse, et sa composition lui valut le premier rang. Il réussit encore en traitant le sujet si important de l'Extrême-Onction; l'attention avec laquelle il avait suivi les développements donnés sur cette matière, fut récompensée sans doute, au jour où il reçut ce secours suprême. Puissions-nous tous avoir le même bonheur! puissions-nous ne pas oublier les effets de ce sacrement, en ceux qui le reçoivent avec connaissance de cause et dans de saintes dispositions !

La réunion des jeunes gens qui composaient alors à Saint-Arbogast le catéchisme de persévérance, se distinguait par une assiduité exemplaire et par son esprit de foi et de piété. Les jeudis et les dimanches, une salle de classe était transformée en une sorte d'oratoire : un tableau de l'enfant Jésus au milieu des docteurs, rappelait au jeune auditoire le modèle qu'il devait suivre ; placée au-dessous, l'image de Marie réjouissait tous les regards et tous les cœurs ; les traits vénérés de saint Stanislas et de saint Louis de Gonzague nous retraçaient de nobles exemples, et la lumière des cierges nous était un symbole de la lumière de la vérité. Ces chers enfants comprenaient ce langage ; on était édifié, rien qu'à les voir entrer dans la salle. Le silence qu'ils observaient alors, n'était pas le seul effet de la discipline ; c'était le silence du recueillement. La salle du catéchisme était pour eux un sanctuaire, où ils venaient entendre la parole de Dieu. Ces bons jeunes gens s'excusaient humblement de la moindre inexactitude. L'un d'eux, il nous en souvient encore, nous dit un jour : « Monsieur, veuillez me pardonner mon retard ; je ne puis alléguer aucune excuse ! » On se figure aisément la contenance de Théophile au milieu de ses édifiants camarades ; il ne perdait pas une parole, et recevait les enseignements de la foi avec une religieuse avidité.

Le zèle et l'édification de Théophile aux instructions religieuses, le suivaient dans l'accomplissement de tous ses devoirs ; aussi, fut-il l'un des premiers à mériter une faveur obtenue par plusieurs, ambitionnée de tous. Afin de propager à Saint-Arbogast l'excellent esprit qui animait quelques élèves, leurs maîtres avaient eu l'idée d'inscrire les noms des plus méritants, dans un cœur destiné à demeurer suspendu à l'image de Marie, dans l'église de Saint-Étienne. Cette distinction, d'un caractère tout religieux, produisit l'effet désiré. Il fallait, pour l'obtenir, réunir tous les suffrages; Théophile fut désigné unanimement. On le vit dès lors, pratiquer mieux que jamais, l'apostolat de l'exemple; les nouveaux-venus trouvaient en lui un soutien; dans les récréations, il s'oubliait lui-même, afin d'animer les jeux de ses camarades, et volontiers il se prêtait à ces mille petits caprices de l'enfance, pour égayer les autres. Dieu seul a connu toutes les secrètes industries de ce charitable enfant, Dieu seul a pu compter les actes d'une abnégation si humble dans son objet, et pourtant si méritoire.

Proclamé membre de la petite milice de choix, Théophile se fit un devoir de justifier la confiance de ses maîtres, en redoublant d'exactitude et d'ardeur; son travail lui valut souvent, aux instructions religieuses, des cachets de persévérance; aussi, aux réunions solennelles du catéchisme, obtenait-il d'ordinaire un témoignage spécial d'assiduité et de zèle. Mais, ce qui le réjouissait le plus, c'était d'entendre, dans ces pieuses réunions, cette voix amie et pleine d'autorité, qui plus d'une fois, il vous en souvient, édifia les maîtres, non moins que les élèves. Il est encore présent à votre souvenir, cet entretien où nous entendîmes développer d'une manière si touchante ces paroles de l'apôtre : « La piété est utile à tout; elle a les promesses de la vie présente et de la vie future ; » et cet autre où furent exposés, avec tant de conviction et d'entraînement, les avantages de l'éducation chrétienne et les droits sacrés et imprescriptibles de la famille. Grâces en soient rendues à l'Auteur de tout bien, qui a daigné, dans sa bonté, nous accorder de tels encouragements ! Sous l'influence de pareilles impressions, le cœur de Théophile se dilatait et s'enflammait d'une nouvelle ardeur ; il lui tardait de pouvoir s'épancher en accents de reconnaissance ; l'émotion qui l'agitait, nous la partagions avec lui, et tous ensemble, réunis au pied de l'image de Marie, nous laissions échapper de nos cœurs les accents d'une religieuse allégresse.

Vint le jour où il fallut nous séparer. Théophile, après avoir édifié pendant trois années ses condisciples de Saint-Arbogast, devait répandre ailleurs la bonne odeur de Jésus-Christ. Notre affection et notre souvenir le suivent désormais au petit séminaire de Lachapelle ; mais la maladie, dont il portait en lui le germe, faisait des progrès alarmants, et il ne put achever l'année scolaire. Voici ce qu'il nous écrivait au mois de juin 1860. « Dans ma dernière lettre, je vous disais que j'étais à peu « près rétabli, et que je comptais retourner au collége « pour y continuer mes études ; mais, comme vous voyez, « Dieu en a décidé tout autrement ; j'ai eu une rechute « qui m'a fait perdre beaucoup de sang, et j'étais telle-« ment affaibli, que je ne pouvais rien faire, ni lire, ni « écrire. Je me soumets toujours à la sainte volonté de « Dieu ; au reste, j'espère que les beaux jours d'été me « fortifieront, et que je me rétablirai ainsi peu à peu. » Cet espoir, Théophile se plaisait à l'entretenir pour ses parents. Afin de ménager leur sensibilité, et de leur épargner les inquiétudes que son état leur inspirait, il cachait soigneusement à leurs yeux les vestiges, hélas, trop évidents, du mal qui le consumait. Pour lui, il voyait sans alarmes ces signes d'une existence menacée. Il avait fait un noũvel effort pour reprendre ses études à Lachapelle; mais il dut se résigner de nouveau à en suspendre le cours; néanmoins, il utilisa ce loisir obligé : « J'ai « profité de l'hiver, disait-il au mois de janvier 1861, « pour revoir ce que j'avais appris les dernières années; « j'ai fait un peu de latin, j'ai surtout beaucoup lu le « *Voyage en Terre-Sainte* par Mgr. Mislin, qui m'a vive- « ment intéressé; mais, on ne peut, sans gémir, lire les « pages concernant les bons Maronites qui, du temps du « voyage de Mgr. Mislin, vivaient heureux et tranquilles « dans leur simplicité, et qui, depuis, ont eu tant à « souffrir.» Oubliant ses épreuves personnelles, Théophile tirait de son cœur des accents de compassion pour les douleurs de ses frères. Les âmes nobles et généreuses ne se renferment pas dans la sphère étroite de l'égoïsme, elles entrevoient de plus vastes horizons; aussi, la cause de l'Église et du Souverain-Pontife était-elle le principal objet de ses préoccupations : « Que Dieu daigne surtout « conserver notre saint Père Pie IX et notre sainte Mère « l'Église, au milieu de ses tribulations! En parcourant « l'histoire de l'Église, que de fois ne la voit-on pas « combattre des hérésies et des schismes, et elle en est « toujours sortie victorieuse; j'espère donc que, cette fois- « ci, il en sera de même.»

L'amour de la vérité animait Théophile; il repoussait de toute l'énergie de son âme les fausses maximes répandues de nos jours, et flétrissait avec indignation ces écrits où la religion, la vertu et le bon goût sont si étrangement méconnus. A la vue des périls auxquels la jeunesse est exposée, il manifestait sa sollicitude pour l'avenir d'un neveu, âgé de douze mois à peine : « Pour- « vu, disait-il, que cet enfant soit bien élevé ! » Cette parole si simple, nous révèle les sentiments de Théophile. Souvent il déplorait la conduite de jeunes gens de son âge, qui, oubliant de sages conseils, prétendaient se guider eux-mêmes et ne tardaient pas à s'égarer. Pour lui, il se donnait tout à Dieu, dans le secret de son cœur. Au plus fort de sa maladie, « jamais, dit-il, je ne me serais senti mieux disposé à reprendre mes études pour devenir prêtre. » Cette parole ne vous surprendra point de sa part. Du prêtre, il avait la foi, la charité, le zèle ; il s'apitoyait sur l'état d'un malade qui ne cherchait pas en Dieu le soulagement de ses peines, et se représentait le vide que doit éprouver une âme où Dieu ne règne pas en maître et en ami.

L'esprit de religion dont il était pénétré, lui inspira une profonde tristesse, quand il apprit la criminelle tentative qui faillit réduire en cendres l'église de Saint-Étienne de Strasbourg. Dans la nuit du 8 mars 1860, des malfaiteurs, pénétrant dans les bâtiments encore inhabités du Petit-Séminaire, mirent le feu à la sacristie. Quand l'éveil eut été donné, on ne trouva plus que des ruines ; mais la protection de la Providence se manifesta visiblement ; dans leur sacrilége audace, les malfaiteurs avaient mis le feu à deux autels ; devant le tabernacle où reposait la divine Eucharistie, ils avaient amoncelé des matières combustibles ; par bonheur, la flamme s'arrêta, après avoir consumé en partie la nappe d'autel, et l'on n'eut pas à déplorer la profanation des saintes espèces ; mais les ornements sacrés étaient devenus la proie des flammes. Théophile écrivait à ce sujet : « J'ai appris avec la plus grande peine le malheur qu'a « éprouvé le collége de Saint-Arbogast ; je veux parler « de l'incendie qui a consumé la sacristie avec les orne- « ments du collége, qu'on s'est procurés avec tant de « peine. » Ce pieux enfant avait souvent partagé la joie de sés maîtres, à mesure que s'enrichissait le modeste trésor de notre sacristie ; il devait partager leur peine ; la séparation et l'absence ne sauraient étouffer le senti- ment dans les nobles cœurs.

D'ailleurs, la piété de Théophile vivifiait ces généreux sentiments ; en fidèle enfant de Marie, il aimait à célébrer ses fêtes et à chanter ses louanges. Dans le mois con- sacré à la Mère de Dieu, son amour filial et sa confiance se dilataient, et lorsqu'il chantait le cantique si entraî- nant : « C'est le mois de Marie, c'est le mois le plus beau, » l'accent de sa voix traduisait les émotions de son cœur.

Le chant, on le sait, est l'harmonieuse expression de la piété ; souvent il nous anime d'un religieux enthou- siasme ; Théophile cédait volontiers à l'ardeur qui l'ani- mait ; il fallait parfois le retenir et lui adresser de doux reproches, lorsque laissant un libre cours aux élans de sa piété, il s'oubliait lui-même et ne consultait plus ses forces. C'était le cœur qui chantait en lui, et la voix résonnait, instrument docile. Il dut assurément contribuer pour sa part à l'effet saisissant de la strophe. *Panis angelicus fit panis hominum,* chantée à l'unisson par ses condisciples ; oui, c'était bien le cri de la foi, de l'admiration et de la reconnaissance, lorsque retentissaient ces paroles si touchantes : *O res mirabilis ! manducat Dominum, pauper, servus et humilis !* Que sont les chants profanes, comparés à de pareils accents ?

Mais, pour Théophile, le chant d'église n'était pas seulement une sainte jouissance ; l'esprit de religion et de charité le portait encore à payer à Dieu le tribut de sa voix, pour concourir à la solennité des saints offices et pour soulager ceux qui dirigeaient le chœur.

L'attrait dominant de Théophile, c'était l'amour de la divine Eucharistie. Les dispositions qui l'animaient au jour de sa première communion, se développèrent dans son âme. Pénétré qu'il était de la grandeur de cet adorable Sacrement, on l'entendit répéter souvent ces paroles : « Monsieur le Directeur de Strasbourg [1] nous a « dit souvent, que c'était une bien grande grâce que de « recevoir la sainte communion, qu'on ne doit s'en ap- « procher qu'après s'être bien préparé. » C'est dans l'*Imitation de Jésus-Christ* qu'il aimait à puiser des sentiments, pour faciliter sa préparation et son action de grâces ; ce livre faisait ses délices.

Le souvenir de la divine Eucharistie lui était habituel, et son cœur se portait naturellement et sans effort vers l'objet de son amour ; en lui, se réalisait cette parole du

---

[1] M. l'abbé Pernot.

divin Maître : « Là où est votre trésor, là est aussi votre
cœur. » Il se plaisait, dans ses lettres, à parler du saint
Sacrement : « Je ne puis assez vous remercier, nous
« écrivait-il un jour, des bontés que vous continuez
« d'avoir pour moi ; vous venez encore de m'en donner
« une nouvelle preuve, par le petit livre pour l'adoration
« du saint Sacrement, que vous m'avez envoyé. Ce petit
« livre est excellent, j'y ai trouvé de belles prières pour
« s'entretenir devant le très-saint Sacrement. Je l'ai
« montré à quelques personnes pieuses, qui, elles aussi,
« l'ont trouvé excellent. Du reste, rien qu'à voir le nom
« de l'auteur, on a de ce livre une bonne opinion ; car,
« tout ce qu'a fait Mgr. de Ségur, soit livres de prières,
« soit livres pour défendre la religion, est bien fait, à ce
« qu'en disent les personnes les plus instruites et les
« plus pieuses.

« Je me réjouis, disait-il encore, de parcourir le petit
« livre de la très-sainte communion que vous m'avez an-
« noncé ; car on ne peut assez lire les écrits qui ont rap-
« port à la divine Eucharistie. J'ai lu les premières pages
« d'un livre sur le même sujet par Fénelon, et cette
« lecture m'a bien charmé.

« Quant aux Annales du très-saint Sacrement, j'ai eu
« occasion d'en lire la dernière année, et ces lectures
« m'ont beaucoup plu, ainsi qu'à d'autres personnes ;
« aussi, j'espère réunir une série, pour l'année qui va
« s'ouvrir. »

L'amour de Théophile pour le saint Sacrement lui
faisait ambitionner la faveur de préparer les pains d'autel ; il s'employait avec bonheur à ce service obscur. On

crut devoir un jour le détourner de ce travail, trop fatigant pour lui ; il se soumit en enfant docile, mais ne put comprimer sans effort la peine qu'il ressentait.

Cependant, la santé de Théophile était de plus en plus ébranlée ; des épreuves bien sensibles devaient achever de la miner complétement : son jeune frère Bernard tomba dangereusement malade. S'oubliant lui-même, Théophile l'entoura de soins assidus ; mais le 29 janvier de l'année 1860, le jour de la fête de saint François de Sales, il eut la douleur de voir ce frère enlevé à son affection : « Bernard paraissait si heureusement doué, « écrivait l'abbé Leroy, je le voyais déjà offrant le saint « Sacrifice ! Et mon père et ma mère surtout aimaient à « se bercer de cette pensée qui, hélas ! n'était qu'une « illusion. Du moins Théophile est-il destiné à monter les « degrés de l'autel, pour offrir l'adorable victime ? Il en « arrivera ce qui a été décrété par la divine Providence ; « mais, je vous l'avoue, je commence à perdre ce doux « espoir : le bon enfant est bien faible en ce moment ; la « mort de son frère, auquel il était si cordialement, si « sincèrement attaché, a bien ébranlé sa santé, du reste « si chétive. Il a, depuis ce temps, éprouvé plusieurs cra- « chements de sang qui, naturellement, l'ont bien affaibli. « Mais il est toujours bien résigné ; il sait renouveler « lui-même son courage et console ceux qui trahissent « parfois quelque inquiétude. C'est bien aussi ce qui me « console dans cette triste perspective d'une nouvelle « séparation, qui serait si cruelle. Peut-être le bon Dieu, « dans son infinie miséricorde, veut-il le purifier de plus « en plus, pour le détacher de quelques liens qui l'at-

« tachent encore à cette misérable terre de boue, et l'ap-
« pellera-t-il, quand il sera mûr pour le ciel. Je ne pense
« qu'avec frisson à ce terrible moment; mais que la vo-
« lonté de Dieu soit faite!»

Théophile tient un semblable langage. Ce n'est pas sans émotion que nous retraçons ici la lettre qu'il nous écrivit le 16 février 1861, six semaines avant sa mort; elle achèvera de nous révéler le fond de son âme. « Je « m'empresse de vous remercier des témoignages d'amitié « que vous montrez toujours pour moi et pour ma famille, « et maintenant surtout que le bon Dieu nous a éprouvés; « car nous avons senti la grande part que vous avez prise « à notre perte douloureuse. Votre lettre, si affectueuse « et si pleine de consolations, est venue nous remettre, et « surtout mes biens chers parents, qui ont le cœur en- « core bien désolé. Mais, l'espoir d'avoir un intercesseur « au ciel et de se voir réunis un jour, ces pensées les « soutiennent dans leurs peines. Quant à moi, je ferai « comme vous le dites dans votre aimable lettre, j'irai « puiser des consolations dans la divine Eucharistie, et « je suis bien certain que j'en trouverai là abondamment.

« Je regrette bien, Monsieur, que vous ayez appris si « tard cette triste nouvelle; car c'est moi qui en suis la « cause, puisque mon frère l'abbé m'avait chargé de vous « l'annoncer; mais, après ce coup fatal, j'ai été indisposé « pendant une huitaine de jours, et c'est là le motif de « ce retard. Après moi, ce fut le tour de ma mère, qui a « fait une maladie sérieuse; mais c'est avec plaisir que « je vous annonce qu'elle est tout à fait convalescente. « Veuillez avoir la bonté de penser à elle dans vos prières,

« pour que Dieu lui accorde un entier rétablissement.
« Vous voyez, Monsieur l'abbé, que nous avons été bien
« éprouvés, mais nous acceptons tout avec résignation,
« en disant : *Fiat voluntas Dei !*

« J'ai encore à vous remercier de la bonté que vous
« avez eue de m'envoyer la liste des noms qui sont ins-
« crits dans le cœur de Marie, à Saint-Étienne ; c'est avec
« plaisir que j'ai vu cette liste, car elle m'a rappelé de
« pieux souvenirs. Aussi, je tâcherai de ne pas manquer
« à mon devoir ; j'ai déjà prié et je prierai encore pour
« la personne qui a eu cette pieuse idée. »

Tels étaient les sentiments de Théophile, au milieu
des épreuves qui le visitaient. La mort d'un frère chéri,
une grave maladie de sa mère, le chagrin de sa famille,
ses propres souffrances, c'en était assez pour abattre
une âme moins forte que la sienne ; mais l'union à Dieu
soutenait, fortifiait de plus en plus cet enfant qui ne
tenait plus à la terre. Déjà il entrevoyait l'instant de la
délivrance ; il semblait même que Dieu daignât l'avertir
par de secrets pressentiments : avant de quitter le cime-
tière où il avait accompagné Bernard, il se retourna,
pour adresser à son frère un dernier adieu ; mais il y
ajouta ce prochain rendez-vous : « Dans deux mois peut-
être, je te rejoindrai ; » on était au 31 janvier ; — le
deuxième jour d'avril, Théophile quittait ce monde.

Dans le cours de sa maladie, il avait dit : « Je ne serai
pas prêtre ; » ses parents, croyant à un changement de
résolution de sa part, s'affligeaient de l'entendre parler
ainsi ; mais ses aspirations étaient toujours les mêmes.
Vers la fin de sa maladie il disait à sa mère : « Vous avez

« été malade aussi, mais le bon Dieu n'a pas voulu de
« vous, puisque vous êtes encore nécessaire; mais nous
« nous reverrons dans dix ans, peut-être dans vingt ans ;
« pour moi, je suis parfaitement inutile. » C'est ainsi qu'il
se jugeait lui-même. Dieu sait le bien qu'eût accompli
Théophile, ministre des autels; pourquoi ne l'est-il pas
devenu? Dieu a ses secrets. La fin si édifiante de son
jeune serviteur est une réponse anticipée, que l'avenir
achèvera de nous révéler quelque jour.

Si la mort de Théophile fut prématurée, elle ne put
le surprendre; souvent il l'avait envisagée, et attendait
sans effroi cette menaçante visite. Un an avant sa fin, il
disait à ceux qui l'entouraient : « Je suis prêt à mourir ! » — Heureux celui qui peut en toute vérité tenir un
pareil langage! Théophile disait vrai; sa préparation
était continuelle. Déjà il s'était assuré un puissant pro-
tecteur, pour ce moment redoutable entre tous. Rassem-
blant le peu de forces qui lui restaient encore, il voulut
célébrer la fête de saint Joseph ; il s'y disposa par une
confession générale et par la réception de l'Eucharistie;
et comme on le dissuadait de se rendre à l'église : « Trop
« souvent, dit-il, on attribue les maladies à la fréquen-
« tation des églises, tandis qu'il en faudrait chercher ail-
« leurs la véritable cause. » La piété de Théophile ne
surprenait personne ; mais, ce jour là, on fut particuliè-
rement touché de la dévotion avec laquelle il s'approcha
de la table sainte. Après son action de grâces, avant de
franchir le seuil de l'église, il jeta un dernier regard
sur l'image de saint Joseph, et remporta dans son cœur,
avec les consolations de ce beau jour, l'espérance d'un

prochain appel. Quinze jours encore, et ce sera pour lui le terme de l'exil !

La maladie de Théophile faisait des progrès alarmants; la mort de Bernard avait occasionné une grave rechute, après laquelle l'abbé Leroy nous écrivait : « On attend « beaucoup du soleil de printemps ; moi, je n'attends rien « que de la divine Providence. » Mais Théophile restait calme et résigné. S'unir à son divin Sauveur, telle était sa pensée de tous les jours. L'hôte divin de son âme vint le visiter, le Jeudi saint, sur son lit de douleurs. Dans cette union intime avec son Dieu, le cœur de ce cher enfant s'embrasait de charité ; durant ses longues insomnies, il priait. Dans une de ces nuits douloureuses, tandis qu'il recommandait à Dieu un malade à l'extrémité, ce malade se mourait. — Les peines de ceux qui l'entouraient lui étaient plus sensibles que les siennes. « Ne pleurez pas, » disait-il, en s'efforçant de les consoler. Une pensée surtout, le suivit jusqu'à la fin : c'était celle des épreuves du Saint-Père. Recevant un jour la visite de sa tante, il voulut lui remettre son denier de saint Pierre. Quelqu'un étant survenu, il différa cet acte de charité, pour ne pas être surpris dans son accomplissement ; mais, la veille même de sa mort, il se rappela qu'il n'avait pu faire encore cette aumône tant désirée. Tirant alors de ses petites épargnes sa précieuse obole, de ses mains déjà glacées, il la remit à sa tante, avec prière de la faire parvenir à destination.

Ayant appris l'érection de l'Œuvre des lampes du saint Sacrement, en faveur des églises pauvres du diocèse, Théophile se fit inscrire en tête de la liste. Il eut ainsi la consolation, au seuil même de l'éternité, de faire deux aumônes bien précieuses assurément, l'une à Jésus-Christ lui-même, présent dans la divine Eucharistie, et l'autre au représentant de Jésus-Christ sur la terre.

Le jour de Pâques, l'abbé Leroy nous adressait une lettre alarmante : «Le bon Dieu nous éprouve une se- « conde fois, il nous demande un nouveau sacrifice. Mon «frère Théophile se meurt! Sachant l'affection bien vive « que vous lui avez toujours témoignée et qu'il a payée « d'une affection réciproque, j'ose le recommander ins- « tamment à vos bonnes prières. Veuille le Très-Haut le « conserver du moins quelque temps encore à notre « amour, et prolonger de quelques jours, de quelques « heures seulement, une existence qui nous est si chère ! « J'espère que vous voudrez bien recommander Théophile « aux prières de ses anciens condisciples, afin que Dieu, « s'il ne veut pas lui rendre la santé, lui accorde du « moins une mort heureuse, suivie du bonheur éternel. « J'aime à vous dire en terminant, qu'il souffre avec pa- « tience, et qu'il est un modèle de résignation.»

Deux jours après, Théophile quittait ce monde. Laissons encore parler l'abbé Leroy; le cri du cœur d'un frère en dira plus que tout notre récit :

Dannemarie, ce 3 avril 1861.

«Le sacrifice est consommé! Théophile est au ciel « depuis hier au soir à neuf heures. Il a expiré, après une « violente agonie. Sa mort a été édifiante; tant qu'il a

« conservé un souffle de vie, il a soupiré après son Dieu.
« Il m'a rappelé, avant de mourir, qu'il fait partie du
« Rosaire vivant. Veuillez communiquer la nouvelle de
« sa mort à ses anciens maîtres et à ses condisciples.
« L'intérêt si vif que vous avez constamment porté à
« Théophile, et auquel celui-ci a répondu par une affec-
« tion bien sincère, m'est garant que vous vous acquit-
« terez avec plaisir de cette mission de charité, et que
« vous prierez pour notre cher défunt.

« Que n'avez-vous été ici? Vous l'auriez vu, couché sur
« son lit de douleur, faisant avec une sainte résignation
« le sacrifice de sa vie. Jamais il n'a proféré un seul mot
« d'impatience, et quand parfois sa maladie lui inspirait
« de sérieuses inquiétudes et qu'une douleur trop vive le
« faisait souffrir plus que d'ordinaire, il nous consolait
« lui-même, en nous répétant que le bon Dieu avait aussi
« souffert sur la croix. Le bon garçon s'était instruit à
« bonne école, il avait médité la passion depuis le com-
« mencement du carême. Aussi auriez-vous dû voir comme
« il prenait le crucifix pendant ses longues insomnies, et
« comme il le baisait avec amour. *Comme le bon Dieu
« veut!* aimait-il à répéter. Jusqu'à la veille de sa mort,
« il avait cherché à nous faire illusion ; mais enfin, sur-
« pris par une extrême faiblesse, il a demandé instam-
« ment que M. le Curé lui adminstrât les saintes huiles. Je
« ne vous dirai pas la piété avec laquelle il reçut les der-
« niers sacrements. Son âme, si bien préparée à la mort,
« ne soupirait qu'après le ciel. « *Je veux aller au ciel,* »
« s'écria-t-il au commencement d'une nouvelle crise qui
« précéda son agonie. Le bon Dieu ne voulut pas pour-

24

« tant qu'il terminât doucement sa vie; il permit, pour
« achever de le purifier sans doute, qu'il fût dans les
« derniers instants en proie à des convulsions terribles.
« C'était déchirant à voir que ces contractions de nerfs
« auxquelles il fut sujet une demi-heure avant sa mort,
« et les cris qu'il poussait, nous fendaient le cœur. Il eut
« un moment de calme, accompagna de sa voix mourante
« les prières des agonisants, commença à réciter le *De*
« *profundis;* puis, ne pouvant plus articuler de parole,
« il suivit mentalement et par des signes de tête les orai-
« sons jaculatoires que je récitais au chevet de son lit. Il
« réunit les dernières forces qu'il avait, pour se débar-
« rasser de ses glaires; mais en vain, il fut suffoqué; il
« poussa encore deux ou trois soupirs. Son âme s'était
« envolée vers le Seigneur ! »

Au souvenir d'une vie si simple et si pure, à la vue
d'une mort où l'abandon à Dieu fut si entier, qui de
nous ne voudrait être Théophile ?